A Botânica Vai ao Tribunal

A Botânica Vai ao Tribunal

Marina Milanello do Amaral
(Organizadora)

2019

B748 A Botânica vai ao tribunal / organizado por Marina Milanello do Amaral. -- São Carlos: RiMa, 2019.

72 p.

ISBN – 978-65-80035-07-6

1. Botânica. 2. Palinologia. 3. Criminalística. I. Amaral Marina Milanello, org.

LC: QK51

Ficha Catalográfica elaborada por Elisabete da Cruz Neves. CRB-8/6228.

Rua Virgílio Pozzi, 213 – Jd Santa Paula
13564-040 – São Carlos, SP
Fone: (16) 98806-4652

Agradecimentos

À Dra. Eloísa Aurora Auler Bittencourt, perita criminal aposentada e ex-diretora no Núcleo de Biologia e Bioquímica da Superintendência da Polícia Técnico-Científica do Estado de São Paulo, por disponibilizar as figuras do Capítulo 2.

À bióloga Cynthia Ramos, mestranda em Palinologia Forense no Instituto de Geociências da Universidade de São Paulo (USP), por produzir as figuras que ilustram o Capítulo 3.

À FAPESB (Fundação de Amparo à Pesquisa do Estado da Bahia), por disponibilizar os recursos financeiros para a execução do projeto "Palinologia Forense aplicada à investigação de crimes no estado da Bahia" (TSC0028/2009), referido no Capítulo 4. Às peritas Carlianne Oliveira Cerqueira e Jussara de Souza Nascimento, por contribuírem para a viabilidade do projeto quanto aos aspectos burocráticos, legais e institucionais, e também por disponibilizarem as amostras que foram a base para o primeiro conjunto de resultados do projeto.

À Dra. Cristiana de Cerqueira Silva Santana, por ceder a área do sítio para as simulações que geraram os resultados finais do Capítulo 4.

A André Carvalho Lima, mestre e doutorando em Botânica no Instituto de Biociências da USP, por fornecer a Figura 2 para o Capítulo 5.

A André Gomes dos Santos, oficial temporário na especialidade Arquivologia na Força Aérea Brasileira (FAB) e proprietário de uma coleção de obras de arte e antiguidades batizada de *Acervo Conceição*, por produzir as Figuras 3 e 4 para o Capítulo 5.

O perito criminal é o incansável e silencioso investigador da verdade que busca nas minúcias demonstrar que não existe crime perfeito. Se não foi resolvido é porque os recursos científicos utilizados ainda não foram suficientes para identificar o autor.

Mauricio da Silva Lazzarin
Diretor Técnico Departamental do Instituto
de Criminalística do Estado de São Paulo

Sumário

Apresentação

O homicídio de Mércia Nakashima mobilizou o país em 2010. Foi tão espantosa a repercussão do caso que era comum acompanhar o andamento das investigações nos programas de variedades da televisão. O julgamento do caso foi transmitido ao vivo, em áudio e vídeo. Mércia era uma advogada de 28 anos que desapareceu no dia 23 de maio, após almoço com os familiares em Guarulhos, na Região Metropolitana de São Paulo.

Mais de duas semanas depois, uma testemunha contou à polícia que pescava na noite da fatídica data do desaparecimento de Mércia em uma represa em Nazaré Paulista, no interior do estado, a cerca de 40 quilômetros de Guarulhos. Disse ter ouvido gritos de mulher e ter visto uma pessoa empurrando um carro para dentro d'água. Ali, o automóvel e depois o cadáver de Mércia foram encontrados. O único suspeito era o ex-namorado e ex-sócio de Mércia, Mizael Bispo de Souza.

Muitas análises periciais foram realizadas, sendo duas relacionadas a objetos de relevante interesse especial: o telefone celular e os sapatos de Mizael. Naquela trágica noite, foram constatadas diversas ligações telefônicas entre Mizael e um comparsa transmitidas por antenas na região de Nazaré Paulista, indicando que os dois estariam naquelas redondezas. Em um dos sapatos de Mizael foi encontrada uma alga bentônica do gênero *Stigeoclonium*, aderida a um substrato vegetal preso à ranhura do solado. Mesmo que as ligações telefônicas apontassem que ambos mentiram ao dizer que não estavam na região de Nazaré Paulista, por meio delas não se poderia afirmar que Mizael estava na exata área da represa. Foi, portanto, a identificação da alga conduzida pelo Dr. Carlos Eduardo de Mattos Bicudo, especialista em algas de águas continentais do Instituto de Botânica de São Paulo, e, consequentemente, as informações fornecidas sobre as características ecológicas daquele organismo que materializaram o contato de Mizael com a água da borda da represa (Amaral, 2018).

Com esse conjunto probatório em mãos, a Promotoria pôde trabalhar de modo mais incisivo, o que foi determinante para o convencimento do corpo de jurados e a aplicação da pena pelo juiz, que condenou Mizael a 20 anos de prisão. Posteriormente, em junho de 2017, outro êxito da Promotoria: desembargadores do Tribunal de Justiça reconheceram também a materialidade da ocultação do cadáver de Mércia e elevaram a condenação de Mizael para 22 anos e oito meses.

Como efeito secundário, essa investigação foi emblemática ao mostrar a força que uma prova material fundada na Botânica pode alcançar, pois antes disso o senso comum associava essa matéria apenas às plantas medicinais e tóxicas e aos crimes ambientais. Em virtude da ubiquidade dos vegetais, há muitas questões legais em que podem ser aplicados, fazendo com que a Botânica Forense ganhe aceitação à medida que são divulgados os conhecimentos científicos da área (Miller Coyle, 2005).

Há, portanto, grande expectativa de que a Botânica Forense se desenvolva cada vez mais, pois nosso cotidiano está fortemente baseado nas plantas, mesmo que de forma inconsciente. O termo “cegueira botânica”, cunhado por Wandersee & Schussler (2002) e analisado por Salatino & Buckeridge (2016), refere-se à incapacidade de percebermos a importância das plantas por limitações fisiológicas e culturais. Neurofisiologicamente, nosso cérebro tem capacidade restrita de processar a quantidade de dados visuais que recebemos de uma só vez, priorizando a detecção do movimento, de cores salientes e de elementos afins memorizados, obedecendo, portanto, a uma dinâmica que promove o reconhecimento de seres ameaçadores e fontes de alimento. Por estarem fixas ao substrato, serem na maioria de tons de verde e não oferecerem perigo como predadores, as plantas são percebidas como um "pano de fundo", ou seja, um palco onde os atores principais são os animais. Além disso, a urbanização nos privou do contato com os vegetais em sua forma não processada, não só nos alimentos, mas nos utensílios em geral.

Vencendo esse obstáculo, alcançaremos o entendimento de que a aplicação da Botânica Forense não se reduz à coleta de vestígios nas florestas e nos bosques, ambientes externos naturais. Áreas perturbadas e degradadas também possuem elementos interessantes para a atividade pericial. Aliás, há uma infinidade de minúsculos organismos e fragmentos vegetais que se depositam dentro de casa, sobre vestes, cabelos, entram por nossas vias aéreas e se acumulam no interior dos órgãos do aparelho digestório.

Logo, por maior que seja a habilidade de um criminoso, toda a sua *expertise* não será suficiente para livrá-lo de traços de material botânico. Haverá contato com muitos vestígios, sem que os autores dos crimes se deem conta (Figura 1). Dados sobre origem e época do ano do fato constam entre as principais informações que as plantas podem oferecer, mas também devemos estar atentos a valiosos elementos capazes de reconstruir dinâmicas (modo e tempo de ocultação do cadáver e última refeição da vítima, por exemplo).

Figura 1 Estrada cujo solo recebe vestígios do canavial e de uma mata antropizada. Autores de crime que por ali passarem entrarão em contato com fragmentos de folha, caule, raiz, flores, material carbonizado, sementes, frutos, grãos de pólen, esporos e algas.

Retomando o caso Mércia Nakashima: em meio ao julgamento de Mizael, os policiais foram acusados de ter armado a presença da alga no sapato. Pois bem, um policial ou um perito criminal não estaria a par das sutilezas dessa área de conhecimento, como veremos em detalhes no presente livro (Capítulo 1). Um policial comum com intenções perniciosas ou levaria o sapato à represa e o molharia, ou levaria água da represa até o sapato e o molharia. Em ambas as situações, a água usada para molhar o sapato conteria apenas algas planctônicas. Como visto, foi encontrada, neste caso, uma alga bentônica, o que reforça o contato havido, pela pressão da pisada, entre o sapato e o substrato onde a alga se fixava na margem da represa.

Na atual fase brasileira, a Botânica Forense carece de (i) treinamentos contínuos que capacitem os profissionais da Segurança Pública a conduzir a coleta, a documentação, a preservação e a avaliação dos materiais vegetais; e (ii) convênios ou quaisquer parcerias com universidades e instituições de pesquisa, dado que tanto a abrangência quanto a especificidade da matéria não são completamente dominadas pelos peritos criminais.

Com efeito, alguns peritos criminais se revelaram, por natureza própria, predestinados para a atuação em locais de crime. A sagacidade do Dr. Renato Domingos Pattoli levou-o a ser aclamado o "Grissom brasileiro", em alusão a uma séria estadunidense de investigação científica (*CSI*), tamanho foi seu papel na resolução de homicídios cuja autoria era desconhecida (Capítulo 2).

Por outro lado, veremos que em todos os casos aqui apresentados foi crucial a *expertise* dos botânicos, que dedicam majoritariamente suas linhas de estudo para a Pesquisa Básica. De fato, conhecimentos taxonômicos e reconstruções ambientais a partir de grãos de pólen e esporos só puderam ser aplicados aos locais e peças do crime porque os Drs. Paulo Eduardo De Oliveira e Francisco Hilder Magalhães e Silva devotaram anos de observação cotidiana ao microscópio em sua própria formação e na de seus alunos (Capítulos 3 e 4). Da mesma forma, a análise anatômica dos vegetais anuncia que, apesar de ser uma das ciências botânicas mais antigas, não ficou no passado, ao contrário, será longeva, respondendo à identificação dos produtos florestais alvos da cobiça humana e também dos diminutos fragmentos encontrados, principalmente, nas vestes e acessórios dos suspeitos. O diligente cuidado no preparo do material, assim como o empenho no estudo anatômico, produziram muitos frutos no Brasil, autorizando-nos a considerá-lo um país repleto de anatomistas *de mão-cheia*, muitos deles formados pela Dra. Veronica Angyalossy (Capítulo 5).

A Botânica Vai ao Tribunal reúne casos em que um perito criminal foi capaz de VER vestígios botânicos, sendo esses, a seguir, ILUMINADOS pelo saber científico dos pesquisadores. Quando um desses grandes encontros ocorre, a Justiça é feita.

Referências bibliográficas

Amaral, M. M. 2018. Botânica e Palinologia Forense. *In*: Dias Filho, C.R. & Francez, P.A.C. (Orgs.). Introdução à Biologia Forense. Editora Millennium, Campinas. 2ª edição.

Miller Coyle, H. (Org.). 2005. Forensic Botany: principles and applications to criminal casework. CRC Press, Boca Raton, FL.

Salatino, A. & Buckeridge, M. 2016. De que te serve saber Botânica? Estudos Avançados, 30(87): 177-196.

Wandersee, J. H. & Schussler, E. E. 2002. Toward a theory of plant blindness. Plant Science Bulletin, 47: 2-9.

1

O Caso Mércia Nakashima

Carlos Eduardo de Mattos Bicudo
Instituto de Botânica, Núcleo de Pesquisa em Ecologia

Formação científica e experiência

Sou biólogo formado há 55 anos pela Universidade de São Paulo (USP), na qual também fiz o doutorado, em 1973. Desde 1963, quando concluí o bacharelado e a licenciatura em História Natural, trabalho com algas de águas continentais; primeiro com taxonomia, porque ninguém então atuava na identificação científica mais refinada desse grupo de organismos no Brasil. Após 30 anos de pesquisa em taxonomia, entretanto, resolvi também investigar a ecologia desses organismos, isto é, conhecer em que condições ambientais da natureza eles vivem e saber por que certas espécies crescem em determinado ambiente e outras não. Para complementar minha formação científica, realizei dois pós-doutorados no exterior, um em taxonomia (um ano e meio) e o outro em ecologia (um ano), ambos nos Estados Unidos. Durante os 55 anos em que atuo em Ciência, tive a oportunidade de publicar 186 trabalhos científicos em revistas nacionais e do exterior, 15 livros e 28 capítulos de livros, e de formar 43 mestres e 46 doutores '*sensu stricto*'.

Como fui procurado pela Polícia Científica

Nos primeiros dias de junho de 2010, fui procurado por duas peritas criminais da Superintendência da Polícia Técnico-Científica de São Paulo, Sumara Antonio Quixadá e Dea Morelatto, que chegaram até mim por indicação da Profª Leonor Patrícia Cerdeira Morelatto, da Universidade Estadual Paulista (UNESP), *campus* de Rio Claro. Aliás, uma das duas peritas é irmã da Profª Morelatto. Foi certamente por conta desse parentesco e por eu lecionar no curso de pós-graduação da UNESP-Rio Claro que meu nome apareceu como possível colaborador na investigação do crime. O intuito da visita das duas peritas era se certificar se eu poderia contribuir com o caso de Mércia Nakashima, examinando restos de sedimentos retirados, principalmente, dos tapetes do carro e das solas de sapatos que poderiam ter sido utilizados por Mizael Bispo no dia do possível assassinato da advogada. Prontifiquei-me imediatamente a realizar a tarefa.

Tipos de materiais

Não me recordo precisamente do número, mas recebi da Polícia, para exame, ao redor de 15 lâminas de microscopia contendo, cada uma, uma porção de material raspado de partes do interior do carro e das solas dos sapatos de Mizael Bispo. As lâminas já me foram entregues preparadas, seladas e numeradas sequencialmente. Isto para que eu não soubesse de onde exatamente provinha o material em cada lâmina, apenas que eram raspados de partes do carro e do sapato utilizados por Mizael Bispo no dia do presumido assassinato.

O material em cada lâmina era bastante escasso, pois Mizael Bispo havia lavado, conforme informação da Polícia Técnico-Científica, cuidadosamente o carro por dentro e por fora e toda a sua roupa, inclusive os sapatos. Escrutinei cuidadosamente cada lâmina recebida e encontrei, em uma delas, um único exemplar de *Stigeoclonium*. Esse exemplar encontrava-se ainda em bom estado físico, guardando praticamente intactas todas as características morfológicas que autorizam sua identificação taxonômica. Deste modo, não tivemos a menor dificuldade em identificar esse exemplar como representante do gênero *Stigeoclonium* de algas clorofíceas.

Stigeoclonium é uma alga clorofícea microscópica que vive epifíticamente (presa a algum tipo de substrato que pode ser uma planta, um animal ou uma rocha submersa) na porção relativamente rasa (região litorânea) de um corpo d'água; no presente caso, da Represa de Nazaré Paulista (SP). Pesquisa anterior feita por mim utilizando material coletado na zona litorânea dessa represa já havia detectado a presença ali de representantes de *Stigeoclonium*. Por isso, não foi difícil relacionar a existência do fragmento de *Stigeoclonium* no solado do sapato de Mizael Bispo com a presença deste na Represa de Nazaré Paulista.

O resultado foi passado imediatamente à Polícia Técnico-Científica, que, então, identificou a lâmina, pelo número, com a obtida da raspagem do solado do sapato pertencente a Mizael Bispo. Soubemos que, após os tiros, o carro foi empurrado para afundar na água da represa, mas o primeiro empurrão não foi suficiente para o veículo alcançar a parte mais funda da represa. Foi, então, que Mizael Bispo teve de entrar na represa para o último empurrão. Esse caminho é forrado por plantas aquáticas que, ao serem pisoteadas, deixaram restos no solado do sapato de Mizael Bispo, e entre esses restos havia alguns de *Stigeoclonium*. Conclusão científica inevitável: Mizael Bispo entrou na represa e pisou, fatalmente, plantas da região litorânea. Entre estas havia exemplares de *Stigeoclonium* vivendo emaranhados, presos às plantas pisoteadas.

Minha colaboração no caso Mércia Nakashima

A advogada Mércia Nakashima foi vista, pela última vez, no dia 23 de maio de 2010, na casa de sua avó. Nesse mesmo dia, foi morta na Represa de Nazaré Paulista. Primeiro, recebeu dois tiros no rosto, ficou inconsciente e morreu afogada na represa, que se situa a cerca de 115 quilômetros da cidade de São Paulo. No dia 11 de junho seguinte, seu corpo foi encontrado por um pescador, boiando na represa.

A Polícia Técnico-Científica tinha uma hipótese sobre quem poderia ter sido o autor do assassinato de Mércia Nakashima, mas carecia de qualquer argumento que pudesse confirmá-la. Mizael Bispo de Souza, advogado e ex-policial militar, era sócio e mantivera certa relação afetiva com Mércia. Dizem que foi seu namorado. Suspeito do assassinato de Mércia, Mizael Bispo alegou que no dia do acidente, 23 de maio, havia visitado a filha e um irmão, com quem almoçou. Mais tarde, à noite, saíra com uma garota de programa, ou seja, não estivera na represa no referido dia 23. A presença da alga em seu sapato provou de forma inconteste que Mizael Bispo esteve nas margens da represa. E não apenas isso: ele também entrou na água para dar o empurrão final no carro para que este afundasse.

Valeu a experiência?

Essa experiência foi única. Foi-me extremamente interessante e prazeroso mostrar o lado prático do estudo das algas de águas continentais. Nós de Ciência trabalhamos muito o lado teórico dos organismos e dos eventos em que participam e, via de regra, sequer consideramos o aspecto prático que a Ciência que produzimos pode apresentar. A taxonomia é ciência de infraestrutura, sem ela não se pode realizar muito do lado prático, isto é, da ciência aplicada. Algas na medicina forense não são uma página em branco. Vários documentos publicados mostram, principalmente, a utilização de diatomáceas em acidentes de afogamento. Mas esta é a primeira vez que uma alga foi usada para confirmar a presença de uma pessoa no palco do crime. Presença esta negada inicialmente por Mizael Bispo, inclusive com álibis para provar o contrário.

2

Insight: Do Vestígio à Evidência

Renato Domingos Pattoli
Marina Milanello do Amaral
Instituto de Criminalística, Superintendência da Polícia Técnico-Científica do Estado de São Paulo

Mesmo com décadas de carreira, um perito criminal nunca atende a duas ocorrências iguais. Apesar de sua especialidade ser a Criminalística, ele é um generalista das outras ciências, além de bom conhecedor de outras fontes de informação.

Renato Domingos Pattoli, engenheiro agrônomo com formação na Universidade de Taubaté (UNITAU), ingressou no Instituto de Criminalística do Estado de São Paulo em 1993 e, desde então, tornou-se responsável por milhares de perícias envolvendo, principalmente, homicídios, estupros e sequestros em sua atuação no Departamento de Homicídios e Proteção à Pessoa (DHPP). Como destacou o *Diário de Cuiabá* em 24 de fevereiro de 2008, Pattoli é o "Grissom brasileiro", comparando-o ao famoso *Crime Scene Investigator* do seriado televisivo norte-americano *CSI*, dado que "ambos possuem uma técnica de perícia centrada na intuição e já solucionaram crimes difíceis após analisar insetos, pegadas e muitas provas que estavam, aparentemente, ocultas".

Um dos casos de que Pattoli sempre se recorda, para exemplificar esse modo de trabalho, refere-se ao homicídio de um médico, a facadas, em sua própria residência no centro de São Paulo. Um dos principais vestígios era uma pegada de sangue no azulejo do piso da cozinha. A pegada era dinâmica, isto é, foi produzida em movimento.

Apesar de importante na reconstrução do crime, pela pegada não seria possível identificar uma impressão plantar que levasse à identificação da pessoa que a produziu, pois suas linhas estavam borradas. No entanto, Pattoli observou que algumas áreas da pegada continham mais sangue do que outras, indicando maior apoio. A figura formada sugeria ainda que seu autor tinha a chamada "perna de cowboy", isto é, pé chato e andar digitígrado, que ocorre quando a pessoa apoia fortemente as pontas dos dedos para pisar.

Como o médico costumava ter relações sexuais com garotos de programa, a hipótese de homicídio começou a crescer em detrimento do latrocínio (roubo seguido de morte). Por cerca de oito meses, os investigadores seguiram pistas e abordaram garotos de programa das redondezas. Depois de dezenas de diligências e comparação com centenas de pés, chegou-se a um indivíduo, que acabou por confessar o crime, explicando que a decisão de matar o médico se originou de uma discussão sobre o que tinham acordado de situações sexuais para o programa.

Do exemplo da pegada dinâmica, depreendemos que todo vestígio coletado no local do crime carrega uma interrogação. Se aquela pegada seria relevante para a conclusão do crime, tornando-se, assim, evidência, dependeria de análises, do histórico da ocorrência e, principalmente, de material para confrontos: neste caso, os suspeitos. Nesse sentido, como cada crime tem suas particularidades, cada levantamento de local de crime é único. Por mais que os peritos balizem seus exames por protocolos, não há regra geral para tudo em um caso. A formação, o estudo contínuo e a experiência, obviamente, são essenciais para o exercício das tarefas periciais. Contudo, existem peculiaridades a mais, um vestígio "fora do lugar" que precisa ser explicado ou, ainda, um pensamento que diz "o caminho é por aqui".

Essas ideias que emergem espontaneamente na mente são o que se entende por intuição. Todas as vivências e as discussões de casos de que Pattoli participou tornaram possível a intuição operar exatamente quando ele observou que as características daquela pegada dinâmica poderiam ser relevantes para uma identificação, mesmo que não fosse a tradicional, exigindo o empenho mais árduo de toda a equipe.

A intuição é o *insight*, o lampejo que estimula o perito a insistir em uma tarefa e demorar-se nela, percebendo-a como provável fonte de evidência, por vezes sendo incompreendido e criticado por outros policiais, que não a enxergam merecedora de atenção.

De fato, há aqueles que desautorizam a intuição, tomando-a rasamente como uma capacidade de pressentir acontecimentos futuros, sem conexão com o raciocínio. Contudo, não é um caso de esfregar uma bola de cristal, mas de apostar em uma direção, sem ao menos saber ao certo sua conclusão definitiva e derradeira.

No escopo da Botânica, muitos dos vestígios não são observáveis à vista desarmada. Grãos de pólen, esporos, tricomas, glândulas, fibras, algas, bem como uma infinidade de caracteres botânicos, são minúsculos. Não é possível um inventário completo de um local sem maior ponderação.

Quando Pattoli atendia aos locais de crime relacionados ao homicídio de Mércia Nakashima em 2010, tema do primeiro capítulo do presente livro, ele não poderia antever que a alga do gênero *Stigeoclonium* se tornaria uma evidência de muito valor na condenação. O caminho que seguiu foi o de observar a represa, entender como o veículo teria ali submergido e como alguém poderia tê-lo empurrado. Depois, na casa de Mizael, o suspeito, Pattoli optou por coletar alguns calçados, os tapetes do veículo e o saco do aspirador de pó.

A intuição levou-o a considerar que uma pessoa em contato com o ambiente daquela represa seria marcada por algum elemento biótico característico dela. Naquele momento, ninguém saberia dizer se existiriam um ou mais marcadores, entre algas (diatomáceas), fungos, grãos de pólen, microcrustáceos, enfim, toda uma microflora e uma microfauna presentes na borda da represa. Nem se estariam no sapato, no tapete ou no aspirador de pó, imaginando uma tentativa de limpeza do carro, caso o suspeito tivesse retornado nele. Tampouco saberia disso a perita criminal Marina Milanello do Amaral, que montou as lâminas com as partículas extraídas desses objetos, mesmo que formada em Ciências Biológicas desde 2003 e mestre em Botânica, em 2007, pela USP. Isso decorre da especificidade do tema, pois a Limnologia, que se dedica aos ecossistemas aquáticos continentais, é uma área do conhecimento bastante restrita àqueles que detêm formação acadêmica.

Aliás, diante dos resultados finais, da presença no sapato de uma alga relacionada à represa, não segue que Mizael foi o autor do crime, pois deduções dessa ordem não pertencem ao campo pericial. Em vez disso, o perito apontou que o sapato teve contato com a represa e, em decorrência, quem o usava e não seu dono. Foram outras fontes de dados que justificaram ser Mizael a única pessoa relacionada ao sapato e, finalmente, muitas outras evidências integraram o conjunto probatório que resultou na condenação de Mizael Bispo de Souza a mais de 20 anos de prisão.

É também a intuição que pode atrair o olhar do perito para o corriqueiro. Um terreno baldio na cidade de São Paulo, como em qualquer lugar do mundo, é só mais um mero terreno abandonado, tomado por plantas comuns e por lixo. Qual a raridade de encontrar um terreno baldio forrado pela gramínea braquiária? Nenhuma. Mas o terreno no qual jazia o cadáver de uma moça, cujo principal suspeito do crime era seu ex-namorado, faz jus à consideração. Uma investigação difícil certamente, pois, se vítima e agressor tinham vínculo afetivo, muitos tipos de vestígios biológicos tendem a decrescer em importância. Sendo assim, outras classes de vestígios, como os ambientais, podem se tornar significantes.

O primeiro impulso seria descartar sumariamente a braquiária como fonte de vestígios/evidências, por ser uma planta perene, resistente, invasora, forrageira e que, consequentemente, ocupa diversos tipos de locais antropizados. Mas a luz da intuição aquieta o ímpeto de resolver o caso no próprio local (quem dera) e socorre o perito, oferecendo-lhe outro caminho, que exige maior paciência. Ocorre que essas braquiárias estavam em frutificação e, sendo por natureza muito prolíficas, produzem enorme quantidade de frutos. Inevitavelmente, quem ali entrasse teria contato direto com os frutos, podendo inclusive carregá-los consigo nas vestes.

Pattoli coletou uma porção da braquiária do terreno para identificação taxonômica, que se soube depois ser *Urochloa decumbens* (Figura 1). Na delegacia, o ex-namorado negava qualquer envolvimento, afirmando que jamais estivera naquele terreno. Pattoli solicitou que ele lhe entregasse a calça que vestia no dia do acontecido, ao que prontamente foi atendido (Figura 2).

No Núcleo de Biologia e Bioquímica do Instituto de Criminalística, os exames na calça concluíram pela ausência de material seminal. Mas não parou por aí, havia algo a mais: vestígios vegetais. No Instituto de Botânica de São Paulo, os vestígios foram identificados, revelando serem frutos de gramíneas popularmente conhecidos como "grãos" e tecnicamente do tipo cariopse, em que a semente está soldada ao fruto (Filgueiras, 1986). Eles possuíam formato de gota, tricoma, comprimento de aproximadamente cinco milímetros e pertenciam à braquiária da espécie *Urochloa decumbens*, estando acompanhado por estames[1] secos (Figuras 3-5), segundo a identificação expedida pelo Dr. Tarcísio S. Filgueiras, um expoente na pesquisa taxonômica. Mais uma vez não parou por aí. Dentro do bolso da calça havia uma asa de um inseto cuja espécie tem justamente a braquiária como principal recurso alimentar, estando o conteúdo estomacal repleto de restos de capim.

O álibi de que o ex-namorado não tivera contato recente com braquiária em geral foi então derrubado. Apesar de esse resultado não o apontar como o assassino, se for somado à presença de um fragmento do inseto que atacava a braquiária, ainda por cima dentro do bolso de sua calça, somos conduzidos a uma dinâmica de contato e pressão contra essas gramíneas.

Portanto, que intuição não se confunda com adivinhação. Se há alguma operação mental mais próxima é a perspicácia,

---

1. Estame é a estrutura masculina da flor. O fruto é o ovário da flor fecundado e desenvolvido. Restos das peças florais podem ser encontrados associados aos frutos em desenvolvimento.

uma visão penetrante sobre um assunto. Sendo assim, a intuição se localiza temporalmente sempre e necessariamente antes do encaminhamento dos vestígios para as análises ou depois de obter os resultados.

O resultado da análise é, em si, sempre científico, e mesmo sua interpretação seguirá fundamentos balizados pela academia. Forçar um resultado para chegar à conclusão desejada, como eliminar, substituir ou contaminar as amostras, é violação grave, conduta criminosa contra a administração da Justiça e totalmente rejeitada pela comunidade pericial.

O "antes" está sujeito à intuição porque abarca uma série de decisões, como a de coletar vestígios a mais, seja em número, seja em outro local, ou ainda de dar importância a algo trivial. Do mesmo modo, o "depois" está sujeito à intuição porque um resultado pode desencadear uma série de pensamentos que acabam por ocasionar reviravolta na condução de uma investigação, exigindo um recomeço dos trabalhos periciais.

Nossa recente intuição é que em um breve futuro as plantas se tornarão uma rica fonte de evidências para a perícia brasileira. Sigamos estudando e coletando.

Referência bibliográfica

Filgueiras, T. S. 1986. O conceito de fruto em gramíneas e seu uso na taxonomia da família. Pesquisa Agropecuária Brasileira, 21(2): 93-100

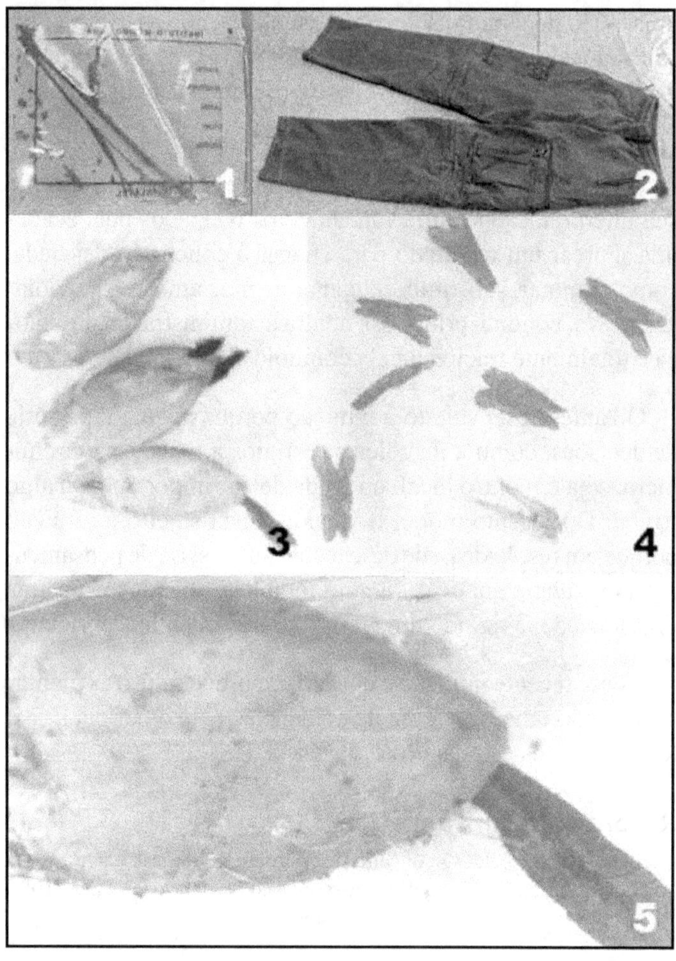

Figura 1 Amostra de braquiária coletada no local. **Figura 2** Calça do suspeito. **Figuras 3-5** Vestígios relacionados à braquiária aderidos à calça. **3** Cariópses. **4** Restos isolados dos estames da flor. **5** Detalhe do fruto com resto de estame à direita.

3

O Bioma em uma Caixa: Reconstrução de Ambientes pela Palinologia

Paulo Eduardo De Oliveira

Departamento de Geologia Sedimentar e Ambiental, Instituto de Geociências, Universidade de São Paulo

Science Action Center, The Field Museum of Natural History, Chicago, IL, EUA

Minha trajetória em estudos de reconstrução da vegetação do passado do Brasil teve início na University of Cincinnati, em Cincinnati, Estado de Ohio, EUA, durante o curso de mestrado em Ciências Biológicas. Eu era engenheiro agrônomo formado na ESALQ (Escola Superior de Agricultura "Luiz de Queiroz"), USP (Universidade de São Paulo), com alma de naturalista, e estava naquele momento a lidar com conhecimentos de Paleocologia, Palinologia e estudos de microfósseis em sedimentos quaternários para interpretação e reconstituição de paleoambientes, abordando variações climáticas e os impactos humanos sobre a paisagem. Em seguida, dei continuidade aos meus estudos com Palinologia do Quaternário ao realizar uma tese de doutorado sobre a evolução da vegetação do Triângulo Mineiro nos últimos cem mil anos. Depois, fiz um pós-doutorado no Smithsonian Tropical Research Institute, na Cidade do Panamá, e um segundo pós-doutorado no Departamento de Botânica do The Field Museum of Natural History, em Chicago, EUA.

Todo esse esforço foi coroado, em 1996, com a publicação do trabalho intitulado "A long pollen record from lowland Amazonia: forest and cooling in glacial times" na conceituada revista *Science.* Outro desdobramento dos meus pós-doutorados foi o livro *Amazon Pollen Manual and Atlas*, pela Harwood Academic Publishers, que se tornou uma referência para os palinólogos interessados na evolução de ecossistemas brasileiros.

Ao longo de minha carreira de pesquisador e docente, deparei-me com grandes desafios: montei coleções e ofereci treinamentos para que pesquisas de alto nível fossem desenvolvidas em nosso país, gerando diversas publicações dos resultados em periódicos nacionais e internacionais.

Também valiosas foram as participações na produção de livros, como *O Quaternário do Brasil*, a primeira obra a reunir as mais importantes informações sobre as mudanças ambientais do Quaternário do País, seis capítulos do livro *Cenários da Vida* e o *Atlas Palinológico Laboratório C_{14} CENA/ USP*, com o intuito de auxiliar a identificação de tipos polínicos por pesquisadores da área.

Ao longo dos anos 1990, vivendo entre EUA e Brasil, colaborei em muitos trabalhos do Dr. Kenitiro Suguio, do Instituto de Geociências da USP. Numa dessas ocasiões, em 1995, fomos procurados pela Polícia Federal, que nos solicitou análises em sedimentos de um contêiner que havia aportado em Santos (SP), mas, ao chegar a seu destino final, em São Paulo, tivera seu conteúdo furtado e trocado por materiais geológicos.

Naquela ocasião, eu não poderia imaginar que, quase 20 anos depois, no meu primeiro ano como docente na USP, escreveria um projeto de Palinologia Forense em parceria com a Universidade Federal do Paraná e o corpo técnico da Polícia Federal. A aprovação desse projeto em 2014, pela CAPES (Coordenação de Aperfeiçoamento de Pessoal do Ensino Superior), tornou possível a formação de mentes brasileiras nessa área e a transferência de recursos para o desenvolvimento de técnicas palinológicas.

Foi quando apresentei dados que publiquei junto com o Dr. Kenitiro Suguio (De Oliveira & Suguio, 2005), bem como detalhei nossa abordagem ao investigar o local do crime, ou seja, do furto de materiais de alta tecnologia. Que assombro deve ter sido a abertura desses dois contêineres! Eles estavam vazios. Ou melhor, não estavam totalmente vazios. Os aparelhos eletroeletrônicos que deveriam estar em seu interior, realmente, ali não estavam. No lugar, sacos de areia e fragmentos de rochas!

Um grande dilema. Os equipamentos de alto valor eram importados, os contêineres passaram pelo porto de Santos e por São Paulo, capital, antes de chegarem a seu destino final, na região metropolitana. Onde, afinal, os aparelhos teriam sido furtados?

O diretor administrativo-financeiro da empresa importadora enfatizou a importância de verificar a procedência dos materiais deixados pelos ladrões nos dois contêineres. A partir disso seria possível saber qual companhia de seguro deveria ser acionada: a do porto de Santos ou a responsável pelo armazenamento dos contêineres na cidade de São Paulo.

Enquanto minha formação era voltada para a fração biológica agregada aos sedimentos, compreendendo grãos de pólen, esporos e algas diatomáceas, o Dr. Kenitiro Suguio era a referência nacional em Sedimentologia e Mineralogia, inclusive já havia sido agraciado, em 1993, com o Prêmio Jabuti por seu livro *Dicionário de Geologia Marinha*.

Nossa primeira providência foi verificar o estado dos materiais e organizar o desenvolvimento dos estudos. A abordagem forense é ávida por planejamento, pois as amostras são em geral exíguas, não permitindo repetições.

Concordamos que não trocaríamos impressões durante o andamento das análises e marcamos uma data para apresentar, um ao outro, nossas conclusões. Seria um confronto de resultados, sem possibilidade de nos influenciarmos mutuamente para determinar uma origem geográfica para nossas amostras. Nossa interação estava então restrita à etapa inicial do projeto, referente às coletas.

Do contêiner nº 1, retiramos vários sacos com areia média a grossa, mal selecionada e micácea, com grãos mal arredondados, características sugestivas de areia fluvial peneirada para ser usada como matéria de construção civil.

Já no contêiner nº 2, encontramos sacos de plástico contendo materiais muito variados, como seixos e matacões de rochas (gnaisses, xistos e quartzitos) de tamanhos e formas variáveis, além de areia, argila e mistura de ambas, com cores diversas (cinza, amarela, vermelha, castanha e preta). Além disso, havia bolas de areia argilosa avermelhada, fragmentos de sacos plásticos de embalagem comercial, tecidos rotos e pedaços de tubos de concreto.

Nessa diversidade de materiais, chamou nossa atenção uma argila arenosa, preta, com muita matéria orgânica. Esse tipo de argila poderia nos fornecer informações muito significantes e, por isso, decidimos coletar separando-a em três amostras representativas de setores do contêiner: frente, meio e fundo.

Com auxílio do IPT (Instituto de Pesquisas Tecnológicas do Estado de São Paulo), soubemos que a areia do contêiner nº 1 era muito parecida com a do rio Ribeira de Iguape, na região de Registro (SP). Naquela época, essa areia supria em grande parte a construção civil na Baixada Santista.

Santos é um local que conheço muito bem, cenário de muitos passeios com a família. Assim, nosso período de coletas ganhou um bônus, e lá fomos nós para quatro "portos de areia" do rio Ribeira de Iguape, situados a montante da ponte da Rodovia Régis Bittencourt (BR-116), em Registro. Em cada um dos portos de areia visitados, coletamos uma amostra de material peneirado e pronto para ser carregado em caminhões para uso na construção civil.

Enquanto o IPT realizava as análises granulométricas e de metais pesados em cinco amostras de areia do contêiner nº 1 e nas quatro amostras dos portos de areia do rio Ribeira de Iguape, minha análise baseou-se em técnicas tradicionais palinológicas para determinação do tipo de ambiente onde foram depositados os sedimentos orgânico-argilosos e em técnicas de algas diatomáceas para complementar as informações palinológicas.

Para as análises palinológicas, os sedimentos foram processados conforme o método estabelecido em Faegri & Iversen (1966, 1989), ou seja, tratamento das amostras com solução a 40% de HF (ácido fluorídrico) por 24 horas, para remoção da sílica e reação de acetólise (9 partes de anidrido acético e 1 parte de ácido sulfúrico). Para a extração de diatomáceas, empreguei o ácido nítrico concentrado por 25 minutos a quente, segundo o método em Patrick & Reimer (1966).

No dia combinado, nos encontramos e começamos a comparar os resultados. Analisando o laudo do IPT, o Dr. Kenitiro Suguio classificou as amostras como areias textural e mineralogicamente imaturas. Os resultados das análises sedimentológicas indicaram que as características granulométricas e mineralógicas (principalmente em termos de minerais pesados transparentes) de todas as amostras eram muito semelhantes entre si.

Na parte orgânica dos sedimentos no contêiner nº 2 encontrei tecidos vegetais (epiderme e tecidos condutores), pólen de angiospermas e gimnospermas, esporos de monilófitas (samambaias) e de plantas não-vasculares.

Os tipos polínicos mais comuns, relacionados ao respectivo ecossistema, referiram-se a:

1. arbóreas e palmeiras da Floresta Atlântica, dos gêneros *Alchornea*, *Cecropia* (embaúba), *Ilex*, *Hieronyma*, *Podocarpus*, *Senna*, *Euterpe* e representantes da família Myrtaceae;
2. arbóreas de Maguezal, como *Avicennia* (mangue-seriba) e *Rhizophora* (mangue-vermelho);
3. monilófitas da Floresta Atlântica, dos gêneros *Cyathea*, *Dicksonia*, *Blechnum*, este último também de Manguezal.

As análises diatomológicas resultaram em algas de plâncton do Manguezal, a saber: *Actinoptychus splendens*, *Actinoptychus undulatus*, *Coscinodiscus excentricus*, *Coscinodiscus radiatus*, *Coscinodiscus obscurus*, *Coscinodiscus decrescens*, *Coscinodiscus crassus*, *Cyclotella* sp. e *Nitzschia granulata*.

Ficamos impressionados ao perceber que nossas técnicas tradicionais de pesquisa poderiam ser aplicadas em casos forenses, com grande potencial elucidativo.

A areia do contêiner nº 1 era, sem dúvida, procedente de portos de areia do rio Ribeira de Iguape, onde deve ter sido peneirada para comercialização como areia para construção civil.

Os sedimentos argilosos e orgânicos do contêiner nº 2 apresentaram-se ricos em grãos de pólen de espécies tipicamente encontradas na Floresta Atlântica das redondezas de Santos, enquanto as análises de diatomáceas mostraram a presença de espécies marinhas, mas características de manguezais da Baixada Santista.

Tal assembleia biológica indicou condições ambientais típicas de mangue em associação com vegetação de Restinga/Mata Atlântica. As diatomáceas são, sem dúvida, típicas da costa do Estado de São Paulo, e o conjunto florístico encontrado sugere ambiente, principalmente, de manguezal das proximidades da encosta da Mata Atlântica, a Serra do Mar do Estado de São Paulo. A combinação desses dados permitiu-nos concluir que o furto ocorreu na região da Baixada Santista.

Ficou evidente para nós, após essa inusitada pesquisa, que tínhamos muito a oferecer às Ciências Forenses, pois as técnicas aplicadas em estudos de reconstituição ambiental podem ser utilizadas para esclarecer dúvidas sobre a origem de materiais geológicos ou confirmar se um suspeito de cometer crime esteve ou não em algum ambiente natural. As técnicas são, em sua maioria, essencialmente equivalentes, com alguns detalhes mais específicos para as atividades forenses, mas a formação científica básica é a mesma tanto para um estudioso da vegetação do passado como para um perito criminal interessado em conectar uma pessoa a determinado local de crime, a algum ecossistema ou hábitat natural, com elementos botânicos que podem esclarecer muitos fatos.

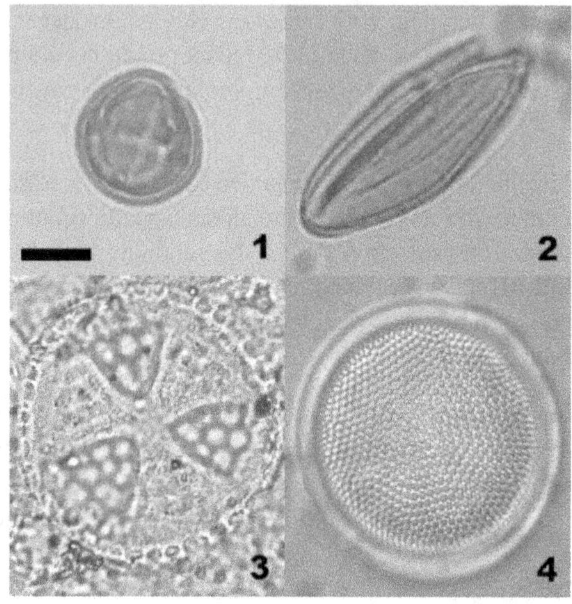

Figuras 1-2 Grãos de pólen. **1** *Rhizophora mangle* L. (mangue-vermelho). **2** *Euterpe edulis* Mart. (palmito-juçara). **Figuras 3-4** Algas diatomáceas. **3** *Actinoptychus* sp. **4** *Coscinodiscus* sp. Barra de escala de todas as figuras = 10 μm.

Referências bibliográficas

De Oliveira, P. E. & Suguio, K. 2005. Estudos quaternários e sua aplicação forense: caso do estudo contêiners furtados no Estado de São Paulo. *In*: X Congresso Brasileiro da ABEQUA, Guarapari. Boletim de Resumos, p. 178.

Faegri, K. & Iversen, J. 1966. Textbook of pollen analysis. Haffner Publishing Co., New York. 2ª edição.

Faegri, K. & Iversen, J. 1989. Textbook of pollen analysis. John Wiley & Sons, New York. 4ª edição.

Patrick, R. & Reimer, C. W. 1966. The Diatoms of the United States. Pennsylvania: Monographs of the Academy of Natural Sciences of Philadelphia. Parte 1, 688 p. 2ª edição.

4

Palinologia Forense na Bahia: Relatos de um Projeto Pioneiro

Francisco Hilder Magalhães e Silva

Laboratório de Estudos Palinológicos, Departamento de Educação, *Campus* VII, Universidade do Estado da Bahia

De relógios quebrados a uma pergunta intrigante

Desde criança sempre fui muito curioso. Os relógios que ganhava dos meus pais duravam pouco comigo, pois eu os abria para ver como funcionavam por dentro. Ficava encantado com os mecanismos e as peças. Quando as tocava com os dedos finos de menino, tudo saía do lugar e, de imediato, eu começava a chorar, não só por ter perdido mais um relógio, mas principalmente por não ter conseguido entender que tipo de "mágica" o fazia funcionar. Foram três os relógios quebrados, até meus pais decidirem não fornecê-los mais. Agora, enquanto começo este relato, aos 41 anos, olho para o meu relógio, que marca 10h26, ainda com a mesma inquietude de criança. Mas agora a curiosidade é mais contida, pois ao longo da vida percebi que outros mecanismos e peças "mágicas" me interessam mais dos que os mecânicos; refiro-me neste momento aos mecanismos da vida, no sentido biológico.

Muitos anos se passaram, mas devo confessar que meus olhos ainda brilhavam, mesmo em 1996, quando tudo era novo e eu, calouro no curso de Ciências Biológicas da UFC (Universidade Federal do Ceará), me vi fascinado por outros universos a descobrir, bem mais dinâmicos do que a estrutura inerte dos meus antigos relógios. No primeiro semestre, em aulas práticas de Biologia Geral, tive meu primeiro contato visual com células vivas e microestruturas biológicas. E, naquele momento, foi como se eu voltasse a ser aquele menino boquiaberto diante daquilo que não conhecia.

Lembro-me claramente de que um dia, em uma lâmina ao microscópio óptico, vi uma estrutura esférica amarela, cheia de poros e espinhos. Fiquei muito curioso para saber do que se tratava, mas a professora disse que "aquilo" não era objeto de assunto da aula. Mal sabia eu que aquela "bolinha espinhosa" seria, alguns anos depois, um dos meus objetos de estudo durante a minha formação na pós-graduação. Mas o fato é que, para muito além do funcionamento das horas em meus relógios de menino, tudo o que se podia ver ao microscópio me interessaria dali para a frente, até os dias de hoje.

No segundo semestre da graduação fiz um curso extracurricular com enfoque na taxonomia e na ecologia de microalgas dulcícolas e ingressei em um estágio na CAGECE (Companhia de Água e Esgoto do Ceará), onde tive contato com práticas de análises qualiquantitativas de fitoplâncton. Era pura realização o trabalho de ficar analisando e identificando microalgas em amostras de águas que os técnicos traziam do açude Gavião, o principal reservatório de água que abastece Fortaleza até hoje. Antes desse estágio acabar, consegui outro, dessa vez no LABOMAR (Laboratório de Fitoplâncton da Divisão de Oceanografia Biótica do Instituto de Ciências do Mar) da UFC, e nele me engajei no projeto "Estudos fitoplanctônicos das águas sob influência do Sistema de Disposição Oceânica dos Esgotos Sanitários (SDOES) de Fortaleza, CE", trabalhando na identificação de microalgas, mas agora marinhas. Era muito bom enxergar aquele universo microscópico cheio de seres incrivelmente pequenos e lindos e com estruturas delicadamente elaboradas, mas, no ano de 1999, eu me distanciaria daquele microuniverso, pois minha orientadora se afastara do laboratório para fazer doutorado no Sul.

Já fascinado pela Botânica, tive pouco tempo depois a oportunidade de estagiar no Laboratório de Fitogeografia da UFC, onde desenvolvi uma pesquisa sobre a "Flora e fenologia da floresta de dunas na Estação Ecológica de Pecém, Estado do Ceará", e, no ano 2000, o projeto foi finalizado em conjunto com o meu trabalho de conclusão de curso de graduação. Ainda durante esse último estágio, fiquei intrigado com uma pergunta que me fiz enquanto desenvolvia o projeto: como era possível encontrar naquela área de dunas litorâneas espécies características de biomas tão diferentes como: Floresta Amazônica, Cerrado, Mata Atlântica e Caatinga? Curioso, li *História ecológica da Terra*, de autoria da Prof. Dra. Maria Lea Salgado-Labouriau. No livro, chamou-me a atenção o nono capítulo, intitulado "O quaternário" e, dentro deste, os tópicos cinco (Os efeitos das glaciações quaternárias) e sete (Teoria dos refúgios). Encontrei aí citações de trabalhos que explicavam a dinâmica e a história ecológica de várias espécies de plantas de uma região dos Estados Unidos com base nos registros dos grãos de pólen depositados em sedimentos quaternários. Fiquei encantado com aquele tipo de estudo e logo pensei: preciso retornar ao "universo microscópico" para encontrar resposta para a minha pergunta.

O retorno ao mundo microscópico: lá estavam os grãos de pólen

Dois meses depois de me graduar, mudei de Fortaleza para Feira de Santana (BA) após ser selecionado para o Mestrado em Botânica na UEFS (Universidade Estadual de Feira de Santana). Em março de 2000, iniciei o mestrado com o projeto intitulado "Morfologia polínica das espécies arbóreas e arbustivas do litoral do Nordeste", desenvolvido no LAMIV (Laboratório de Micromorfologia Vegetal) sob a orientação do único palinólogo em atividade no Nordeste na época, o Prof. Dr. Francisco de Assis Ribeiro dos Santos. Não era este projeto que responderia à pergunta que motivou minha mudança do Ceará para a Bahia, mas foi a porta de entrada para o meu retorno ao mundo microscópico. Eu nunca havia estudado grãos de pólen e tive a grata surpresa de descobrir, alguns anos depois, que aquela "bolinha" esférica amarela, cheia de poros e espinhos, com a qual tivera contato no primeiro semestre da minha graduação, era um grão de pólen de um hibisco.

Alguns meses antes do fim do mestrado, propus ao meu orientador trabalhar com Paleopalinologia no doutorado, um desejo que guardava desde o fim da minha graduação na UFC. Contudo, a opção que ele me deu foi desenvolver um tema relacionado à Actuopalinologia e que envolvia também o estudo de dinâmica de vegetação, em nível de comunidade, por meio da chuva polínica. Como área de estudo, foi proposta a Estação Biológica de Canudos (BA), com exuberante vegetação de caatinga.

Grãos de pólen: da morfologia à dinâmica em ambiente de caatinga

O desenvolvimento do meu projeto de doutorado "Contribuição à Palinologia das Caatingas" foi, de fato, muito desafiador. Se, por um lado, pouco se conhecia sobre a morfologia polínica de plantas da caatinga, por outro, nada se sabia sobre a dinâmica de grãos de pólen nesse tipo de ambiente. Para entender a dinâmica era fundamental conhecer primeiro a morfologia deles. Dessa forma, dezenas de espécies foram descritas por mim à época e, atualmente, essas descrições estão no primeiro atlas palinológico de plantas da caatinga: *Flora polínica das caatingas: Estação Biológica de Canudos (Canudos, Bahia, Brasil)*, em coautoria com a Dra. Luciene Cristina Lima e o Dr. Francisco de Assis R. dos Santos, lançado de forma simultânea em outubro de 2016 no XIV International Palynological Congress e no X International Organisation of Palaeobotany Conference, os dois congressos mais importantes da Palinologia e da Paleobotânica, respectivamente.

A partir das informações morfológicas foi possível identificar os grãos de pólen representados na chuva polínica em Canudos, e muitas informações inéditas e interessantes foram produzidas, como: a detecção de grãos de pólen oriundos de outros tipos de vegetação, uma quantidade surpreendente de grãos de pólen que caíam no local por centímetro quadrado, diferenças quantitativas e qualitativas na chuva polínica entre áreas de vale e de morros, como cada espécie era representada na chuva polínica, a relação entre os tipos de polinização e a concentração de grãos de pólen por centímetro quadrado, além da relação entre os fatores climáticos e a dinâmica de grãos de pólen na caatinga.

Bases para avançar...

Antes de concluir o doutorado fui aprovado em concurso para a UNEB (Universidade do Estado da Bahia), e em 2006 assumi uma vaga de professor efetivo. No ano seguinte fundei o segundo laboratório de Palinologia do Nordeste, atualmente denominado LAEP (Laboratório de Estudos Palinológicos), do *Campus* VII da Uneb.

O primeiro projeto desenvolvido no Laep foi "Flora polínica do Parque Estadual de Sete Passagens (PESP)", que teve por objetivo descrever os grãos de pólen de plantas de campo rupestre nele presentes. Muitos outros projetos se seguiram, e a coleção de lâminas da palinoteca foi aumentando rapidamente, assim como o número de descrições palinológicas de espécies presentes em vários ecossistemas da Bahia. Alguns alunos de graduação, bolsistas de iniciação científica, participaram de forma ativa desses projetos, contribuindo para o crescimento do conhecimento palinológico. Isto possibilitou o início, pouco tempo depois, de projetos de Palinologia Aplicada, uma vez que já dispúnhamos de bases para avançar na identificação de grãos de pólen em diferentes produtos e materiais (méis, solos, sedimentos, etc.).

É importante destacar ainda que, poucos meses depois, outros laboratórios de Palinologia foram criados em outros *campi* da UNEB, a exemplo dos *campi* VI e VIII, em Caetité e Paulo Afonso, respectivamente, onde também foram desenvolvidos, inicialmente, estudos de floras polínicas. Além disso, muitas pesquisas com enfoque na flora regional foram publicadas por palinólogos formados pelo Prof. Francisco de Assis, muitas com sua coautoria.

A travessia de uma nova fronteira: a Palinologia Forense

Em 2009, submeti o projeto "Palinologia Forense aplicada à investigação de crimes no Estado da Bahia" à FAPESB (Fundação de Amparo à Pesquisa do Estado da Bahia), em edital voltado para a área de Segurança Pública. Alguns meses depois, recebi os primeiros recursos para iniciá-lo, inclusive para implementação de bolsas de iniciação tecnológica para alunos de graduação. Este foi o primeiro projeto na área da Palinologia Forense a ser desenvolvido de forma sistemática no Brasil. Até então, não existia nos Departamentos de Polícia Técnica peritos criminais com formação palinológica. Por outro lado, os palinólogos, em sua maioria ligados às universidades ou institutos de pesquisa, raramente eram demandados para colaborar em investigações policiais. Tampouco os laboratórios de Palinologia tinham as condições legais e estruturais para abrigar materiais e amostras relacionadas a crimes, e continuam não tendo.

Considerando o contexto acima relatado, e o fato de eu nunca ter sido procurado pela polícia para colaborar na elucidação de qualquer tipo de crime utilizando a Palinologia como ferramenta investigativa, perguntei-me na época: como poderia transpor tantas dificuldades a ponto de viabilizar o desenvolvimento de um projeto de Palinologia Forense? Tomei por premissa um antigo ditado: "Se Maomé não vai até a montanha, a montanha vai a Maomé".

Procurei uma colega da época do meu doutorado, Carlianne Oliveira Cerqueira, que eu sabia que era perita do Departamento de Polícia Técnica da Secretaria de Segurança Pública do Estado da Bahia (DPT-SSP-BA), para conversar sobre o potencial da Palinologia Forense na investigação de crimes. A conversa foi tão proveitosa que ela marcou uma reunião, dessa vez com a presença de sua chefe, também perita, Jussara de Souza Nascimento. Na ocasião, ambas ficaram empolgadas com as possibilidades de inovação que um projeto de Palinologia Forense poderia produzir e se dispuseram a firmar uma parceria. Para tanto, o primeiro passo seria torná-la oficial por meio de um convênio entre o DPT-SSP-BA e a UNEB, uma vez que a submissão do projeto a agências públicas de fomento à pesquisa dependeria disso. Até então, não havia um objetivo específico no projeto com relação a que tipo de crime seria investigado, mas apenas referências a possibilidades de investigação, já que não havia como prever crimes futuros. Meses depois o convênio foi firmado.

Após a aprovação do projeto pela FAPESB, a Coordenação Geral do DPT informou que nenhuma amostra poderia ser cedida ao projeto sem que o mesmo fosse aprovado por um Comitê de Ética. Assim, antes do seu início, o projeto foi submetido e aprovado por comitê, de acordo com as atribuições definidas em resolução do Conselho Nacional de Saúde (CNS 196/96).

Restava agora aguardar o "crime". As peritas contataram um delegado conhecido, informaram-no sobre o projeto e pediram a ele para me procurar quando houvesse alguma ocorrência com potencial de investigação com base na Palinologia. Preparei meu *kit* de campo. Esperei um mês. Dois. Três. Seis... Passou-se quase um ano e nenhum chamado me foi feito. Comecei a ficar angustiado, pois o projeto tinha um prazo a ser cumprido. Procurei novamente as peritas, que então me fizeram uma proposta: analisar algumas amostras de maconha para tentar definir sua origem geográfica. Esse era um tipo de material que chegava praticamente todos os dias ao DPT de Feira de Santana, muitas vezes em grande quantidade, para as peritas atestarem se realmente se tratava de *Cannabis*.

Achei interessante a proposta e aceitei o desafio. Mas, pouco tempo depois, fui informado de que precisaria de autorização de um juiz para que amostras fossem transportadas e armazenadas no Laboratório de Palinologia. Algumas semanas se passaram e conseguimos uma audiência, na presença de representante do Ministério Público. Apresentamos o projeto e conseguimos autorização judicial. Para tanto, algumas exigências foram feitas, como a instalação de câmeras de segurança em todos os ambientes internos do Laboratório e também nas áreas externas a ele, e que fosse mantida vigilância local.

Finalmente, em fevereiro de 2011, cinco amostras de maconha, de um grama cada, foram separadas pela Dra. Carlianne Oliveira Cerqueira no DPT de Feira de Santana e enviadas ao LAEP em Senhor do Bonfim. Em análise macroscópica prévia, observou-se que as amostras se encontravam fragmentadas, naturalmente desidratadas, quebradiças e com presença de frutos do tipo aquênio, característicos da espécie *Cannabis sativa*. No laboratório, as amostras continuaram mantidas sob refrigeração até o momento do processamento químico, para o qual foi retirado 0,5 g de cada amostra. As amostras restantes foram devolvidas ao DPT após a conclusão das análises palinológicas.

O processamento químico das amostras seguiu o método de acetólise de Erdtman (1960). Em seguida, os sedimentos polínicos foram incluídos, de forma individualizada para cada amostra, em gelatina glicerinada com fenol para montagem entre lâmina e lamínula seladas com parafina fundida. Dez lâminas foram produzidas de cada amostra para as análises qualitativas e quantitativas ao microscópio óptico. A identificação dos grãos de pólen foi feita por meio de informações palinológicas disponíveis na literatura para a flora da região e por comparação com materiais de referência da Palinoteca do

LAEP. Todos os grãos de pólen encontrados nas lâminas foram contados. Os registros fotográficos foram feitos ao microscópio Zeiss com uso de sistema fotográfico digital acoplado.

Após a identificação dos tipos polínicos, a plataforma eletrônica da *Flora do Brasil* foi consultada a fim de auxiliar na localização e registro de ocorrências das espécies relacionadas aos tipos polínicos identificados, para posterior indicação da área de origem das amostras. Com a mesma finalidade, mas para o Estado da Bahia, foi utilizada também a plataforma eletrônica do Herbário da Universidade Estadual de Feira de Santana (HUEFS). Esse herbário abriga o maior acervo de plantas do Nordeste.

Em uma das amostras foram registrados 29 tipos polínicos. Destes, 22 tiveram suas afinidades botânicas definidas, sendo que três foram relacionados a espécies de *Mimosa* (Figuras 1-4). Com base na análise da distribuição biogeográfica das espécies em relação aos tipos polínicos, feita por meio dos dados obtidos nas referidas plataformas, observou-se que a maioria das espécies tem ampla ocorrência em muitos domínios fitogeográficos e em tipos de vegetação que abrangem vários estados brasileiros. Entre os domínios fitogeográficos e/ou tipos de vegetação, observou-se que os registros para áreas de Caatinga e Cerrado foram predominantes.

Constatou-se que a ocorrência de *Mimosa lewisii* ficou restrita a três estados do Nordeste: Bahia, Piauí e Pernambuco. Já as ocorrências das espécies *Mimosa pudica* e *Mimosa xiquexiquensis* ficaram restritas à Bahia. Com isto, Piauí e Pernambuco foram excluídos da investigação.

Com base nessa informação, o foco da análise passou a ser a distribuição das espécies em relação aos tipos polínicos na Bahia. *Mimosa xiquexiquensis* ocorre exclusivamente nas dunas interiores da região do baixo-médio São Francisco, no norte do estado (Queiroz, 2008). Com isto, foi excluída a possibilidade de a amostra ser de outras áreas da Bahia.

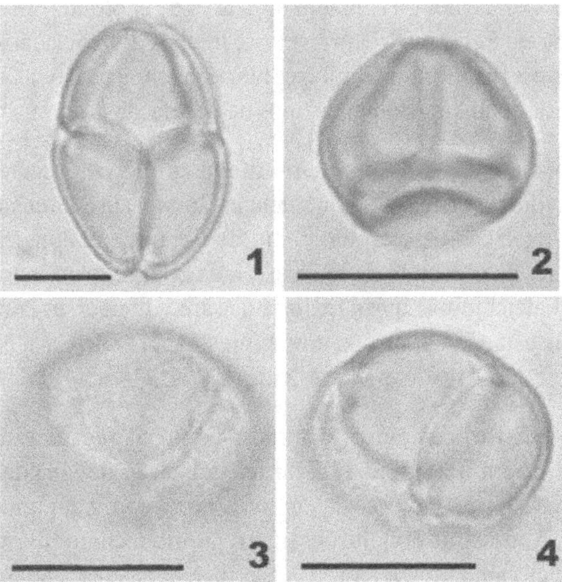

Figuras 1-4 Tipos polínicos relacionados a *Mimosa* encontrados em amostra de *Cannabis sativa*. **1** *Mimosa lewisii*. **2** *Mimosa pudica*. **3-4** *Mimosa xiquexiquensis*. Barra da escala = 10 µm.

A partir de dados obtidos na plataforma eletrônica do HUEFS, observou-se que os registros de coleta de *M. xiquexiquensis* são restritos a quatro municípios do norte da Bahia: Barra, Casa Nova, Pilão Arcado e Xique-Xique. Outras espécies às quais foram relacionados tipos polínicos também constaram na plataforma eletrônica do Huefs com registros de coletas para os municípios supracitados, o que reforçou a possibilidade de a origem da amostra ser de um deles. *Lepidaploa chalybaea* tem, por exemplo, ocorrência restrita a áreas de Cerrado. Além dela, outras 14 espécies também tiveram registros de ocorrência nesse tipo de vegetação, e outras 17 para vegetação de Caatinga. Isto forneceu evidências de que o local de produção de uma das amostras poderia estar situado em uma área com dois tipos de vegetação, ou seja, em uma área de ecótono. Em áreas de ecótono é comum a ocorrência de trechos de vegetação onde a flora e a fisionomia se apresentam com características intermediárias entre dois ou mais tipos de vegetação (Odum, 2012).

Após a análise de um mapa fitogeográfico da região dos municípios, verificou-se que nela estão presentes áreas tanto com vegetação de Cerrado como de Caatinga e, consequentemente, de ecótonos entre elas. Ainda com base no mapa regional, detectou-se que a maioria das áreas com essas características estão situadas nos municípios baianos de Casa Nova, Barra, Pilão Arcado e Xique-Xique.

As análises das outras quatro amostras não revelaram dados que permitissem identificar a localização da área de produção de forma tão precisa como os que foram aqui apresentados. Após essas conclusões, um relatório técnico foi produzido e enviado ao DPT.

Contudo, na concepção original do projeto, os resultados esperados eram mais robustos. Considerei, então, que apenas a determinação da origem geográfica de produtos ilícitos não seria suficiente para finalizar o projeto. Como eu não havia sido contatado uma vez sequer pelo delegado e permanecia a falta de perspectiva para tanto, resolvi trabalhar com simulações de crimes.

Para tanto, foi simulado o seguinte caso:

Objetos de uso rural (pá, enxada, picareta e carro de mão) (Figuras 5-8) *teriam sido furtados de um sítio localizado numa área rural, em ambiente de Caatinga, do Município de Senhor do Bonfim (BA). Seis horas após o crime, objetos semelhantes aos furtados foram encontrados e dois "suspeitos" foram capturados pela polícia. Com a abertura das investigações, foram formuladas duas perguntas fundamentais: (1) os objetos encontrados são os mesmos que foram furtados do sítio em questão? e (2) qual dos dois "suspeitos" seria o provável autor do crime?*

Figuras 5-8 Objetos "furtados" do sítio em área rural no Município de Senhor do Bonfim (BA). **5** Pá. **6** Enxada. **7** Picareta. **8** Carro de mão.

Na ocasião da simulação, eu mesmo representei o "suspeito 1", uma vez que estivera na área rural para desenvolver o trabalho, enquanto o "suspeito 2" nunca havia estado na área. Um dos "suspeitos" havia deixado na cena do "crime" uma sandália e uma faca (Figuras 9-10).

Figuras 9-10 Objetos deixados por "suspeito" na cena da simulação do crime. **9** Faca. **10** Sandália.

A seleção da área de estudo teve por base a escolha de um local em ambiente de Caatinga com registro de considerável diversidade e riqueza de espécies cultivadas (Figuras 11-16) e que fosse próxima a uma área de vegetação nativa (Figura 17).

Figuras 11-17 Algumas plantas presentes na área do sítio e do entorno em área rural no Município de Senhor do Bonfim usadas para simulação de crime. **11** Pimentão (*Capsicum* sp.). **12** Goiabeira (*Psidium guajava*). **13** Mamoeiro (*Carica papaya*). **14** Coração-roxo (*Tradescantia* sp.). **15** Laranjeira (*Citrus sinensis*). **16** Cajueiro (*Anacardium occidentale*). **17** Aspecto geral da vegetação da área do entorno do fundo do sítio.

Com base nesses critérios foi escolhido um sítio localizado em zona rural do Município de Senhor do Bonfim. No local foi registrado o cultivo de leguminosas (feijão andu), euforbiáceas (mandioca), solanáceas (tomate e pimentão), arecáceas (coqueiro e licuri), cucurbitáceas (abóbora e melão) e passiflorácea (maracujá), dentre outras. No entorno do sítio, especialmente adjacente à área do fundo, havia extensa área de caatinga sobre substrato areno-argiloso, composta predominantemente por arbustos e árvores de pequeno porte e com estrato herbáceo e subarbustivo pouco desenvolvido. Entre as plantas lenhosas, visualmente, se destacaram representantes de Leguminosae, Euphorbiaceae, Cactaceae e Arecaceae, enquanto Amaranthaceae, Malpighiaceae, Portulacaceae e Convolvulaceae representavam a maior parte das ervas e subarbustos. Além das plantas cultivadas e das plantas nativas do entorno, foram registradas algumas plantas ornamentais fora da casa do sítio, a exemplo de uma samambaia do gênero *Davallia* (Figuras 18-19).

Figuras 18-19 Samambaia ornamental do gênero *Davallia*, presente na área externa da casa do sítio em área rural no Município de Senhor do Bonfim, usada para simulação de crime. **18** Aspecto geral da planta em vaso. **19** Aspecto geral da fronde com esporângios férteis (setas).

No dia da simulação foi feito, inicialmente, um reconhecimento da área, com registros fotográficos de ambientes e das plantas presentes, coletas botânicas seguindo as técnicas usuais (Mori *et al.*, 1985), coletas de amostras de solo e de tapetes de briófitas e foram instaladas lâminas de microscopia com gelatina glicerinada no entorno da casa da área, por um período de sete dias. As amostras de solo e de tapetes de briófitas foram coletadas com o objetivo de gerar dados sobre os sinais polínicos do local de períodos anteriores aos da simulação, enquanto as lâminas com gelatina gerariam resultados sobre os sinais polínicos do dia e semana seguintes à simulação. Os dados das análises dessas amostras ajudariam na comparação com os espectros palinológicos das amostras coletadas nos "suspeitos". Todas as plantas cujas estruturas eram férteis (esporângios, botões florais, flores e frutos) foram também fotografadas.

Durante a coleta das plantas foram extraídos botões florais para caracterização da flora polínica local e auxílio posterior na identificação dos tipos polínicos presentes nos "suspeitos". Dos objetos "roubados" foram coletadas, com auxílio de espátulas estéreis, amostras de solo neles impregnado. As amostras foram depositadas em frascos também estéreis devidamente etiquetados. Dos "suspeitos" foram coletadas amostras da pele, das roupas e dos calçados usando-se pedaços de fitas adesivas transparentes, com cerca de 30 x 22 mm, que foram aderidas à pele (meio da testa, dois lados do rosto e pescoço, no meio das porções anteriores dos antebraços e partes centrais dos dorsos das mãos esquerda e direita), à camisa (na altura dos ombros e peitos, nos lados direito e esquerdo), à calça (coxas, panturrilhas e tornozelos, direitos e esquerdos) e aos calçados dos dois pés (lados esquerdo e direito, bico e solado).

Apenas do "suspeito 1", em virtude das reentrâncias do solado do calçado, foi possível extrair uma amostra de sedimento areno-argiloso. Esta foi acondicionada em frasco coletor com etiqueta de identificação e mantida sob refrigeração. As amostras do "suspeito 2" foram coletadas poucos minutos antes daquelas do "suspeito 1". Luvas estéreis foram utilizadas nas coletas de amostras dos "suspeitos", e as fitas adesivas das amostras foram coladas em lâminas de microscopia, também estéreis, devidamente etiquetadas e mantidas sob refrigeração até minutos antes das análises palinológicas em microscópio óptico.

Os sedimentos foram individualmente macerados e misturados com bastão de vidro nos frascos coletores. Alíquotas de 2 cm^3 foram transferidas para tubos de ensaio e, em seguida, com algumas adaptações, foram seguidos os protocolos descritos por Faegri & Iversen (1989) para concentrar os resíduos palinológicos. Para os tapetes de briófitas foi adotado o método descrito por Grabandt (1980) com pequenas modificações em virtude das condições específicas das amostras.

Para cada uma das amostras processadas quimicamente foram montadas cinco lâminas permanentes com gelatina glicerinada e inclusão de fenol. Estas foram seladas com parafina fundida para observação e contagem. Nas lâminas, para o registro dos sinais polínicos do sítio, também foi utilizada parafina fundida para selagem da lamínula sobre a lâmina. As lâminas provenientes das coletas com fita adesiva foram preparadas com a simples adesão das mesmas às lâminas de microscopia. Todas as lâminas foram devidamente etiquetadas e depositadas em caixas do laminário da palinoteca do LAEP.

As lâminas foram analisadas ao microscópio óptico Zeiss, com sistema fotográfico digital acoplado. Contaram-se todos os grãos de pólen e esporos presentes nas lâminas de todas as amostras. A identificação dos grãos de pólen e esporos foi feita com auxílio da coleção de referência da flora polínica do sítio e de outras áreas de caatinga depositadas na palinoteca do LAEP, além de consultas em artigos científicos de morfologia polínica e catálogos palinológicos disponíveis na literatura, a exemplo do de Silva *et al.* (2016).

Com base nos dados obtidos foi possível verificar, de forma geral:

- Esporos de *Davallia* sp. (Figura 20) nas roupas, nos sapatos e na pele do "suspeito 1".
- Grãos de pólen relacionados a espécies da flora do sítio nas roupas (*Boerhavia* sp., *Froelichia* sp., *Gomphrena* sp., *Mimosa ophthalmocentra, Staelia virgata, Stigmaphyllon* sp.), sapatos (*Gomphrena* sp., *M. ophthalmocentra*) e pele (*Commelina* sp., *Mitracarpus* sp., *Mollugo* sp., *S. virgata, Stigmaphyllon* sp.) do "suspeito 1".
- Esporos relacionados a *Nephrolepis* sp. na calça e no braço esquerdo do "suspeito 2".
- Grãos de pólen na camisa (*Mitracarpus* sp.), nos sapatos (*Amaranthus* sp., *Ricinus* sp.) e na pele (*Mitracarpus* sp. e *Opuntia* sp.) do "suspeito 2".
- Grãos de pólen relacionados a espécies da flora do sítio, especialmente *Froelichia* sp., *Gomphrena* sp. e *Syagrus* sp., nos quatro objetos "roubados" (Figuras 21-23).
- Grãos de pólen de *Syagrus* sp. na sandália e na faca encontradas na cena do "crime" e esporos de *Davallia* sp. também na sandália.
- Grãos de pólen relacionados a *Alternanthera* sp., *Mitracarpus* sp. e *Syagrus* sp. no tapete de briófita, assim como esporos de *Davallia* sp. e esporos de briófita.

- Grãos de pólen relacionados a diversas espécies presentes no sítio e na vegetação de caatinga do entorno nas amostras de solo.
- Esporos de *Davallia* sp. e de briófitas nas lâminas com gelatina que ficaram expostas no sítio.

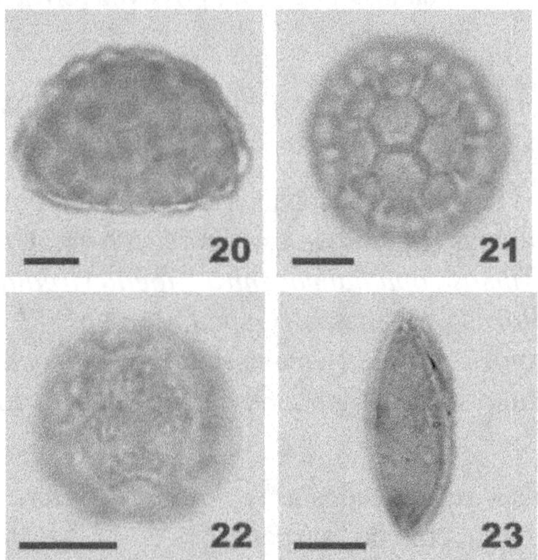

Figuras 20-23 Tipos polínicos relacionados a plantas presentes na área do sítio no Município de Senhor do Bonfim, usada para simulação de crime. **20** *Davallia*. **21** *Froelichia*. **22** *Gomphrena*. **23** *Syagrus*. Barra da escala = 10 μm.

Ao retomar as perguntas iniciais, feitas antes da simulação do "crime", foi possível chegar, com base nos resultados acima apresentados, às seguintes respostas:

1. Os objetos encontrados são os mesmos que foram furtados do sítio em questão?

Muito provavelmente sim, pois grãos de pólen relacionados a *Froelichia* sp., *Gomphrena* sp. e *Syagrus* sp. encontrados nos sedimentos coletados dos objetos também observados nas amostras de solo do sítio têm suas respectivas espécies representadas na flora do sítio.

2. Qual dos dois "suspeitos" seria o provável autor crime?

O "suspeito 1", visto que diversos grãos de pólen e esporos de plantas presentes no sítio foram encontrados em suas roupas, sapatos e pele. Por outro lado, a maioria dos grãos de pólen e o tipo de esporo encontrado no "suspeito 2" não tiveram relação com espécies registradas na flora do sítio e do seu entorno, evidenciando que ele estivera em outro local que não o sítio.

Com base no que foi exposto com relação à simulação, ficou muito evidente o extraordinário potencial da Palinologia para resolver questões relacionadas a crimes. Os procedimentos e materiais utilizados, relatados neste capítulo, e as técnicas aplicadas, a exemplo da acetólise (Erdtman, 1960), comprovam que não é necessário um equipamento muito caro ou sofisticado para executar uma pesquisa palinológica aplicada à área forense. Alguns desses equipamentos são bastante comuns em muitos laboratórios, inclusive em departamentos de polícia técnica, a exemplo de microscópio, centrífuga, capela de exaustão de gases e vidrarias. Por outro lado, é notório que da formação dos peritos brasileiros não faz parte a execução de técnicas e análises palinológicas. Por isso, na maioria dos casos com potencial de aplicação da Palinologia em investigações criminais, as amostras são encaminhadas para palinólogos que atuam em universidades.

O Brasil é o país com maior diversidade biológica do mundo. Nossa flora é composta por mais de 36.000 espécies, incluindo angiospermas, gimnospermas, samambaias, licófitas e briófitas (Flora do Brasil, 2019). Essa diversidade, por sua vez, é um elemento que favorece o desenvolvimento de pesquisas em Palinologia Forense, pois, quanto mais peculiar e diversa for a flora de uma área, mais confiável será a constatação da presença ou não de um suspeito em um local ou de algum objeto ou material que tenha sido produzido ou nele estado. Contudo, o que se observa é que a maioria das pesquisas relacionadas à Palinologia Forense é atualmente desenvolvida em países que possuem diversidade florística muito inferior à do Brasil, a exemplo dos Estados Unidos e de países da Europa.

Para o Brasil avançar na Palinologia Forense é preciso, portanto, o engajamento de palinólogos em departamentos de polícia técnica ou o treinamento de peritos desses departamentos para execução de técnicas palinológicas. Que o conhecimento sobre a morfologia polínica das nossas espécies continue aumentando e que mais meninos e meninas curiosos se sintam motivados a ir além de saber o que há dentro dos relógios e de "bolinhas espinhosas", por exemplo. A ciência agradece!

Referências bibliográficas

Erdtman, G. 1960. The acetolysis method: a revised description. Svensk Botanisk Tidskrift, 54: 561-564.

Faegri, K. & Iversen, J. 1989. Textbook of pollen analysis. John Wiley & Sons, New York. 4ª edição.

Grabandt, R.A.J. 1980. Pollen rain in relation to arboreal vegetation in the Colombian Cordillera Oriental. Review of Palaeobotany and Palynology, 29: 65-147.

Mori, S.A., Mattos-Silva, L.A., Lisboa, G. & Coradin, L. 1985. Manual de manejo do Herbário Fanerogâmico. CEPLAC, Ilhéus. 2ª edição.

Odum, E.P. 2012. Ecologia. Guanabara Koogan, Rio de Janeiro.

Queiroz, L.P. 2008. Leguminosas da caatinga. Universidade Estadual de Feira de Santana, Feira de Santana.

Silva, F.H.M., Santos, F.A.R. & Lima, L.C.L. 2016. Flora polínica das caatingas: Estação Biológica de Canudos (Canudos, Bahia, Brasil). Micron, BA.

5

Dura na Queda: A Identificação Anatômica do Jacarandá-da-Bahia (*Dalbergia nigra*)

Veronica Angyalossy
Departamento de Botânica, Instituto de Biociências, Universidade de São Paulo

Marina Milanello do Amaral
Instituto de Criminalística, Superintendência da Polícia Técnico-Científica do Estado de São Paulo

O caminho da Dra. Veronica Angyalossy

Cresci sentindo o aroma dos grãos e das madeiras, e admirando as cores e formas das orquídeas que meu pai cultivava, na fazenda de café onde nasci. Toda a paisagem que me cercava produziu impressões muito vivas em minha memória.

Ao ingressar no curso de Ciências Biológicas, logo iniciei um estágio em Anatomia Vegetal e tive a oportunidade de vivenciar grandes encontros na sala de minha orientadora, Dra. Nanuza Luiza de Menezes. Pesquisadores de várias partes do país sempre chegavam para mostrar seus estudos e discutir sobre os mais variados temas.

Pouco tempo depois, ela me apresentou ao Dr. Calvino Manieri, da antiga Divisão de Madeiras do IPT (Instituto de Pesquisas Tecnológicas do Estado de São Paulo), que me acolheu como estagiária remunerada. Foi o Dr. Calvino, grande especialista em anatomia e identificação de madeiras, que me introduziu na identificação por meio da anatomia do xilema. Graças a seu enorme conhecimento sobre as madeiras brasileiras, sua humildade, grandeza científica, firmeza de caráter e visão de futuro, fui enriquecendo meus conhecimentos. Aprendi o lado aplicado da Anatomia Vegetal.

Trilhei esse caminho como contratada pelo IPT e também na área acadêmica, com meu doutoramento na USP, pós-doutorado na Alemanha e formação de pesquisadores na América Central. Nessa época, o desafio era a descrição anatômica macro e microscópica das madeiras coletadas em inventários florestais, pois muitas jamais tinham sido estudadas. Esse empreendimento, somado ao meu conhecimento das madeiras comercializadas, tornou possível minha participação na elaboração da "List of microscopic features for hardwood identification", promovida pela Associação Internacional dos Anatomistas de Madeiras (IAWA, 1989).

Em geral, as madeiras são analisadas por meio de inúmeras características qualitativas e quantitativas, observando-se as camadas de crescimento, os elementos condutores de água, as fibras, as células parenquimáticas e os canais secretores (Burger & Richter, 1991).

Em 1990, tornei-me professora no Departamento de Botânica do Instituto de Biociências, Universidade de São Paulo (USP), na área de Anatomia Vegetal, dedicando-me à linha de pesquisa da anatomia taxonômica, visto que estava familiarizada com a identificação de madeiras. Para tanto, realizei outro estágio de pós-doutorado, em 1993, com o Dr. Regis Miller, do Forest Products Laboratory, Madison, Wisconsin, EUA.

Com o tempo, outras linhas de pesquisa surgiram, muitos de meus alunos já atuavam como professores em outros estados e começamos a ser procurados por órgãos ambientais e policiais para fornecer-lhes pareceres técnicos.

Consequentemente, por meio dos conhecimentos de Anatomia Vegetal, fui responsável pela identificação de grande número de madeiras e até mesmo de carvão, tanto na esfera forense quanto em pesquisa e desenvolvimento.

As características morfológicas das células são grandes aliadas na identificação, sendo uma análise comum nos institutos florestais e ambientais pelo mundo todo, inclusive seguindo diretrizes e orientações internacionais (CITES, 2002; UNODC, 2016).

Neste capítulo, relatarei um caso realizado a pedido do Ibama, com o objetivo de identificar uma amostra de madeira.

* * *

Nossa terra é aquela em que "em se plantando tudo dá", expressão da fertilidade vegetal digna do relato na Carta escrita em 1º de maio de 1500 por Pero Vaz de Caminha ao rei Dom Manuel[2]. No entanto, mais do que o sucesso do cultivo, nossa riqueza biológica surpreendeu os navegadores. Reconhecidamente um país de megadiversidade, o Brasil não escapou da sanha de lucro sobre suas riquezas naturais.

---

2. Águas são muitas; infindas. E em tal maneira é graciosa que, querendo-a aproveitar, dar-se-á nela tudo, por bem das águas que tem".

Entre os mercados mais assediados, operando na clandestinidade, o comércio ilegal de madeiras movimenta cifras bilionárias. Muitas pessoas desconhecem o fato de que certos produtos não podem ser produzidos com qualquer tipo de madeira. Instrumentos musicais e móveis requintados, por exemplo, são feitos exclusivamente da madeira de algumas espécies arbóreas com qualidades específicas. Pensando no mais alto refinamento sonoro, os construtores de instrumentos musicais utilizam as madeiras com melhor capacidade de prover esse resultado, ou seja, que possuam qualidade acústica superior. Por isso, os arcos de violino são feitos preferencialmente de pau-brasil (Angyalossy *et al.*, 2005) e as caixas de som, de jacarandá-da-Bahia (Flynn & Holder, 2001). Quando a preocupação é a beleza das formas, robustez e durabilidade do mobiliário, madeiras como a do jatobá, da imbuia e do ipê são muito apreciadas.

Disso segue a existência de um grupo de poucas espécies constituintes do chamado "mercado de luxo" da madeira, cujos consumidores de várias partes do mundo desconsideram as consequências de seus prazeres, tendo seus desejos atendidos por contrabandistas, muitas vezes acima de qualquer suspeita, como um pretenso '*luthier*' ou quem faça as vezes de ativista ambiental.

Tais encomendas nem sempre alcançam seu destino e, quando interceptadas, são levadas para órgãos públicos competentes que terão a tarefa de determinar corretamente a espécie da madeira, quando possível, conferindo também a documentação anexada, caso esteja presente (por exemplo, o Documento de Origem Florestal – DOF).

Uma das transações mais rendosas ocorre com a madeira do jacarandá-da-Bahia, que é a espécie *Dalbergia nigra* (Vell.)

Allemão *ex* Bent., uma Leguminosae, endêmica da Floresta Atlântica, que ocorre principalmente do sul da Bahia ao norte do Espírito Santo (Carvalho, 1989; 1997). Item presente nos casarões do passado, sua formosura tornou-a a preferida para as bancadas e cadeiras do plenário do Senado do Brasil, fabricadas ainda no Império, por volta de 1867, e a mobília do castelo da Rainha Vitória, na Inglaterra[3].

Somada à beleza de suas cores, que variam de matizes marrons para tons mais escuros de pretos e arroxeados (Figuras 1, 3-5), a madeira é extremamente durável, resistindo ao ataque de fungos e insetos (Flynn & Holder, 2001; Wiedenhoeft & Miller, 2005). O próprio nome jacarandá em tupi remete aos seus atributos: ya'kãg rã'ta significa "o que tem cabeça dura". O metro cúbico de sua madeira valia cerca de US$ 5.000,00, o que pode equivaler a dezenas de vezes o preço de qualquer outra madeira comercial de boa qualidade.

Centenas de anos de exploração descontrolada acabaram por incluir o jacarandá-da-Bahia na lista do IBAMA das espécies ameaçadas de extinção (Brasil, 1992), tendo seu uso regulamentado por órgãos ambientais. Além disso, desde 1992 seu comércio internacional foi banido pelo Apêndice I da CITES (*Convention on International Trade in Endangered Species of Wild Fauna and Flora*), sendo permitida apenas a pesquisa científica.

Um carregamento ilícito pode conter toneladas de madeiras distintas misturadas. Muitas espécies, quando do mesmo gênero, são difíceis de ser distinguidas.

---

3. https://www12.senado.leg.br/noticias/materias/2011/02/11/sintonia-ambiental-explica-o-jacaranda-da-bahia.

Em uma das solicitações de análise para identificação da madeira, oriunda do IBAMA, chegou ao Departamento de Botânica do Instituto de Biociência da USP uma amostra suspeita de ser justamente de *Dalbergia nigra*, o célebre jacarandá-da-Bahia, que estaria sendo contrabandeada para o exterior.

O anatomista Dr. Regis Miller (Forest Products Laboratory, Madison, Wisconsin) já havia se debruçado sobre as dificuldades da análise anatômica dessa espécie, pois *Dalbergia* é um gênero pantropical com aproximadamente 250 espécies, das quais cerca de 15 têm importância econômica (Record & Hess, 1943; Richter *et al.*, 1996; Klitgaard & Lavin, 2005; Miller & Wiemann, 2006).

Os anatomistas reconhecem uma espécie do gênero *Dalbergia* pelos raios estratificados, vasos largos, parênquima axial diverso apresentando-se difuso, difuso em agregados, aliforme ou em faixas. Microscopicamente, são observados raios baixos e pontoações guarnecidas.

Pela anatomia, algumas espécies nativas do gênero *Dalbergia* podem ser facilmente distinguidas de *D. nigra*. Assim, *D. cearensis* Duke separa-se pela maior frequência de vasos; e *D. miscolobium* Bentham principalmente pela maior frequência de raios (Gasson *et al.*, 2010). A espécie *D. decipularis* Mattos & Rizzini, de importância econômica, produz madeira de tons róseos e amarelados, o que a torna de mais fácil identificação.

Na época dos exames, havia espécies não banidas do comércio que poderiam causar confusão em virtude da similaridade anatômica, como: a nativa *D. spruceana* Bentham e algumas espécies ocorrentes no México (Guzman *et al.*, 2008; Gasson *et al.*, 2010). Miller & Wiemann (2006) desenvolveram um modo de separar as madeiras de *D. nigra* e *D.*

spruceana com base em medições de densidade e da fluorescência em extratos aquoso e etanólico.

Para os anatomistas que atuam no Brasil, país exportador de madeira, essa separação é poderosa, pois são justamente as espécies em que a distinção pela anatomia não possui eficácia, dado que ambas possuem vasos grandes (> 200 μm), raios estratificados e parênquima axial paratraqueal aliforme, em faixas e apotraqueal difuso (Figura 2).

Dalbergia nigra é menos densa (< 1,0 g/cm^3) do que *D. spruceana* (≥ 1,0 g/cm^3), seu extrato aquoso não é fluorescente, enquanto o de *D. spruceana* fluoresce, e sua fluorescência é azul-esverdeada a verde-azulada em extrato etanólico, enquanto a de *D. spruceana* é azulada. Desse modo, a partir de extratos produzidos de lascas da amostra iluminados com uma lâmpada ultravioleta foi possível identificar a amostra em questão como sendo de *D. nigra* (Figura 6, coloração verde-azulada).

Atualmente, as análises que aliam a anatomia vegetal a outros recursos permanecem relevantes, uma vez que, em 2 de janeiro de 2017,[4] foi aprovada proposta para inclusão do gênero *Dalbergia* no apêndice II da Convenção, lista na qual importação e exportação estão sujeitas a um controle maior. Portanto, todos os produtos e subprodutos de madeira das espécies de *Dalbergia* com fins comerciais e peso acima de 10 kg deverão estar acompanhados de licenças CITES. Consequentemente, para fins legais tornou-se necessário reconhecer as madeiras do gênero e também separá-las de *D. nigra*, que foi mantida sob mesmo rigor no apêndice I, que lista as espécies cuja exportação é proibida, exceto em caso de utilização não comercial.

---

4. http://www.ibama.gov.br/noticias/422-2017/923-comercio-internacional-do-jacaranda-tem-novas-regras .

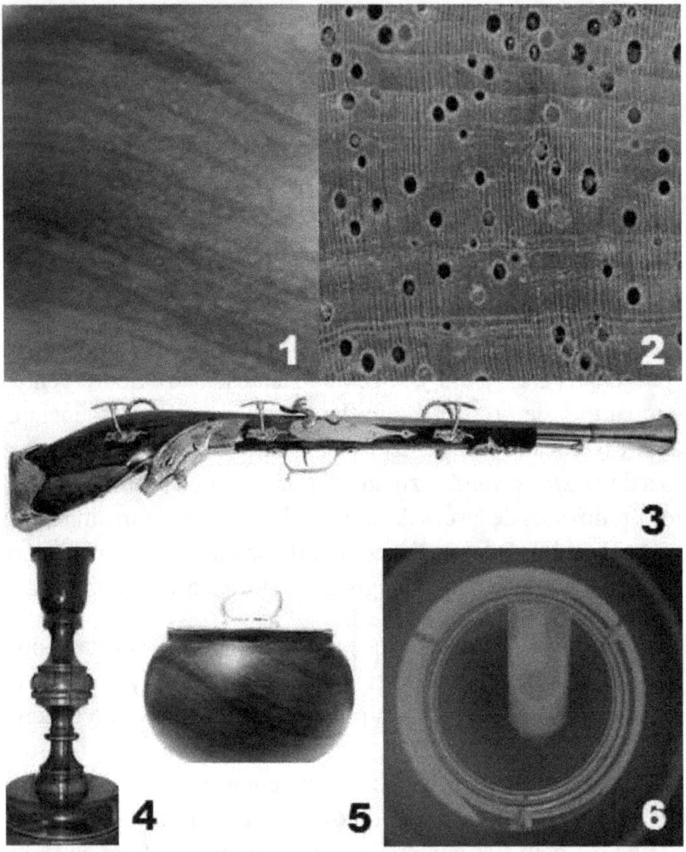

Figuras 1-6 *Dalbergia nigra*, jacarandá-da-Bahia. **1** Cor natural da madeira em tons de marrom-escuro e veios pretos. **2** Seção transversal da madeira: vasos largos, maioria solitários, e parênquima axial principalmente aliforme e em faixas finas. Aumento de 5x. **3** Elegante cabideiro de três ganchos, com apliques de bronze, no formato de garrucha, anos 70/80, Coleção Acervo Conceição (Pirassununga – SP). **4** Detalhe de abajur, primeira metade da década de 1940, Coleção Acervo Conceição (Pirassununga – SP). **5** Pote de jacarandá-da-Bahia com tampa de prata. **6** Fluorescência verde-azulada em solução alcoólica de raspas da madeira.

Referências bibliográficas

Angyalossy, V., Amano, E. & Alves, E. S. 2005. Madeiras utilizadas na fabricação de arcos para instrumentos de corda: aspectos anatômicos. Acta Botanica Brasilica, 19(4): 819-834.

Burger, L. M. & Richter, H. G. 1991. Anatomia da madeira. Nobel, São Paulo.

Carvalho, A. M. V. 1989. Systematic studies in the genus *Dalbergia* L. f. in Brazil. Tese de Doutorado. University of Reading, Reading.

Carvalho, A. M. V. 1997. A synopsis of the genus *Dalbergia* (Fabaceae: Dalbergieae) in Brazil. Brittonia, 49: 87-109.

CITES on the World Wide Web. UNEP-WCMC Species Database: CITES-Listed Species. www.cites.org. (acesso em 04/01/2018)

CITES 2002. CITES identification guide: tropical woods. Guide to the identification of tropical woods controlled under the Convention on International Trade in Endangered Species of wild Fauna and Flora. Minister of Supply and Services, Authority of the Minister of Environment, Canada.

Flynn, J. H. & Holder, C. D. (Editors). 2001. A guide to useful woods of the world. Forest Products Society, Madison. 2ª edição.

Gasson, P., Miller, R., Stekel, D. J., Whinder, F. & Zieminska, K. 2010. Wood identification of *Dalbergia nigra* (CITES Appendix I) using quantitative wood anatomy, principal components analysis and naive Bayes classification. Annals of Botany, 105(1): 45-56.

Guzman, J. A. S., Richter, H. G., Rodriguez Anda, R. & Fuentes Talavera, F. J. 2008. Wood fluorescence of commercial timbers marketed in Mexico. IAWA Journal, 29: 311-322.

IAWA COMMITTE. 1989. IAWA list of microscopic features for hardwood identification. IAWA Bulletin, 10: 219-332.

BRASIL. Portaria IBAMA Nº 06-N, de 15 de janeiro de 1992.

Klitgaard, B. B. & Lavin, M. 2005. The tribe Dalbergieae sens. lat. *In*: Lewis, G.P., Schrire, B., MacKinder, B. & Lock, M. (Editors). Legumes of the World. Royal Botanic Gardens, Kew.

Miller, R. B. & Wiemann, M. C. 2006. Separation of *Dalbergia nigra* from *Dalbergia spruceana*. Research Paper FPL-RP-632. U.S. Department of Agriculture, Forest Service, Forest Products Laboratory, Madison, WI. 5 p.

Record, S. J. & Hess, R. W. 1943. Timbers of the New World. Yale University Press, New Haven, CT.

Richter, H. G., Krause, U. J. & Much, C. 1996. *Dalbergia congestiflora* Standl.: wood structure and physico-chemical properties compared with other Central American species of *Dalbergia*. IAWA Journal, 17: 327-341.

Wiedenhoeft, A. C. & Miller, R. B. 2005. Structure and function of wood. *In*: Rowell, R.M. (Editor). Handbook of wood chemistry and wood composites. CRC Press, Boca Raton, FL.

UNODC, 2016. Best practice guide for forensic timber identification. United Nations Office on Drugs and Crime: International Consortium on Combating Wildlife Crime. Laboratory and Scientific Section, Global Programme for Combating Wildlife and Forest Crime, Vienna. 226 p.

6

Considerações Finais

Marina Milanello do Amaral
Instituto de Criminalística, Superintendência da Polícia Técnico-Científica do Estado de São Paulo

A incrível prioridade do 'ver' em nossas ações é um tema recorrente da tradição filosófica salientado por Agostinho e Heidegger. Espontaneamente, dizemos que "vimos" quando tratamos de outros sentidos ("vi que estava frio", "veja essa música") e entendemos melhor os dados estatísticos ao vê-los retratados em gráficos.

Fisiologicamente, a visão depende da luz. Nossa sensibilidade nos restringe ao intervalo que compreende as ondas eletromagnéticas com comprimentos do vermelho (700 nm) ao violeta (400 nm), passando pelo amarelo, verde e azul. Para além da anatomia humana, com seus fotorreceptores, nervos e córtex visual, o processamento das informações atualmente alcança todo o espectro eletromagnético, pois a tecnologia nos permite enxergar mais, seja pelas faixas extremas do infravermelho e do ultravioleta, seja pela "luz polarizada" e pela fluorescência. E, com o poder crescente da resolução dos microscópios, ampliamos ainda mais nossa visão. Da evolução dos equipamentos ópticos para os eletrônicos, podemos ver partículas que medem a bilionésima parte do metro.

Todos os vestígios botânicos de que tratamos ao longo dos capítulos deste livro foram de fato visualizados com o auxílio da tecnologia. Por outro lado, é por meio da sinergia entre os componentes do tríduo polícia-perícia-academia que se torna possível a aplicação dos conhecimentos alcançados pela Ciência Básica na Criminalística.

Os casos aqui revisitados, todos em solo brasileiro e excepcionais pela união entre ciência e diligência, demonstram a importância da Botânica Forense.

Nos capítulos que compõem esta obra pioneira, **A Botânica Vai ao Tribunal**, vimos como pudemos enxergar os vestígios vegetais e procuramos transmitir que, para vencer a "cegueira botânica" na Criminalística e promover a Justiça, é fundamental que coexistam ciência e cooperação humana.

www.ingramcontent.com/pod-product-compliance
Lightning Source LLC
LaVergne TN
LVHW050339160826
845677LV00014B/3696

* 9 7 8 6 5 8 0 0 3 5 0 7 6 *